PLVS PENSER QVE DIRE.

ORDONNANCE

& Placcart du Roy ſur le faict des Monnoyes, contenant les eſpeces, prix & poidz des monnoyes d'or, d'argent & de cuyure, qui doreſenauant pourront ſeulement auoir cours es pays de ſa Maieſté.

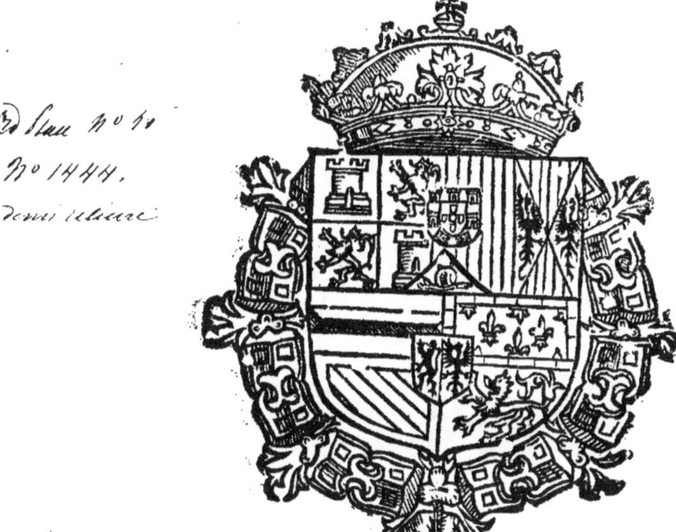

EN ANVERS,

Chez Hieroſme Verduſſen, Imprimeur des Monnoyes de SA MAIESTE', demeurant en la rue dicte Cammerſtrate, à l'Enſeigne du Lion rouge 1622.

Auec Grace & Priuilege.

ORDONNANCE
& Placcart du Roy sur le faict des Monnoyes, contenant les especes, prix & poidz des monnoyes d'or, d'argent & de cuyure, qui dorefenauant pourront seulement auoir cours es pays de sa Maiesté.

EN ANVERS,

Chez Hierosme Verdussen, Imprimeur des Monnoyes de SA MAIESTE', demeurant en la rue dicte Cammerstrate, à l'Enseigne du Lion rouge 1622.

Auec Grace & Priuilege.

PHILIPPE par la grace de Dieu, Roy de Castille, de Leon, d'Arragon, de deux Sicilles, de Hierusalem, de Portugal, de Nauarre, de Grenade, de Tolete, de Valence, de Gallice, des Maillorcques, de Seuille, de Sardanie, de Cordube, de Corsicque, de Murcie, de Iaen, des Algarbes, de Algezire, de Gibraitar, des Isles de Canarie & des Indes, tant Orientales que Occidentales, des Isles & terre ferme de la Mer Oceane, Archiduc d'Austrice, Duc de Bourgoine, de Lothier, de Brabant, de Lembourg, de Luxemburg, de Geldres & de Milan, Conte de Habsbourg, de Flandres, d'Arthois, de Bourgoigne, de Thirol, Palatin & de Haynnau, de Hollande, de Zelande, de Namur & de Zutphen, Prince de Swaue, Marquis du S. Empire de Rome. Seigneur de Frize, de Salins, de Malines, des cité, villes & pays d'Vtrecht, d'Oueryssel & de Groeninge, & Dominateur en Asie & en Affricque.

A TOVS ceulx qui ces presentes verront, salut. Comme depuis la derniere Eualuation des Monnoyes, faitte par le Placcart du XXI. iour de May 1618. confirmée par celuy, du douziesme de Septembre 1619. ayent esté forgées aucunes pieces d'or & d'argét, tant en noz monnoyes qu'en celles des Princes noz voisins, amyz ou alliez, & que l'on pourroit à bon droit doubter si l'on les tient pour permises ou non, puis que iusques ores le cours d'icelles, n'a esté authorisé par aucun Placcart ou Ordonnance, & que cy deuant aucuns Estats de noz pays, & Magistratz de noz bonnes villes de pardeça, nous ayent remonſtré qu'en noſtre dict Placcart ſe rencontroyent quelques obſcuritez touchāt aucunes eſpeces que les vngs diſoyēt eſtre comprinſes ſoubs les monnoyes permiſes, & les autres point, dequoy ſeroit premieremēt aduenu qu'aucunes deſdittes eſpeces meſmes, les Ducatz forgez es Prouinces à nous rebelles ſur le modele des Ducatz d'Eſpaigne, & les Nobles à la Roſe y auſſi monnoyez a l'imitation de ceulx d'Angleterre ſe feroyent coulez pardeça, & ſucceſſiuement pluſieurs autres eſpeces d'or & d'argent de moindre alloy & bonté, que celles permiſes par ledict Placcart, par ou noſditz pays ſe feroyent rempliz de monnoyes foibles & legeres, & le feroyent encores plus, au grand dommage & intereſt de noſdict pays & du pauure peuple, qui ne ſcait facilement recognoiſtre la difference quil y a entre les monnoyes de bon & bas alloy, meſmes quand elles portent figures & marques aſſez pareilles, s'il n'eſtoit à ce pourueu de remede conuenable. **Scauoir faiſons**, que pour l'affection que portons au bien de noz bons ſubietz & vaſſaulx, & pour le ſoing continuel qu'auons, que par leur ignorance au fait de monnoyes & autrement ilz ne ſoyent trompez & endommagez par ceulx qui ne pouuans ſouler leur auarice, & cerchans en tout leur prouffit & aduantage particulier, font grands amaz de monnoyes foibles rongées, & autrement diminuéez de leur vray poids & alloy, & par apres les diſtribuent entre le menu peuple, meſmes le contrai-

contraignent à les recepuoir au prix des bonnes:& ayans sur tout eu l'aduis premierement des Maistres Generaux de noz monnoyes,& par apres de ceulx de noz Conseilz d'Estat,Priué & des Finances,auons par l'aduis & deliberation de nostre trechere & tresamée bonne Tante Madame ISABEL EVGENIA CLARA Par la Grace de Dieu Infante d'Espaigne, &c. declaré & declarons, que les especes d'or & d'argent que nous entendons auoir cours en ces noz pays bas sont les suyuantes, & dõt pour la pluspart les formes & effigies sont cy empraintes, à fin d'estre plus facilement cognues par vn chacun.

Monnoye d'Or.

PRemierement les doubles Souuerains d'or,à noz coings & armes,& des Archiducqz pesans sept estrelins & huict as,à douze florins. xij. fl.

Les demyz Souuerains lions d'or à noz coings & armes, pesans trois estrelins, vingt as, à six florins. vj. florins.

Les singles Souuerains d'or aux armes des Archiducqz de trois estrelins onze as, & trois quarts, à six florins. vj. fl.

Le demy Souuerain, d'vn estrelin & vingtsix as, à trois florins.

Les doubles tiers dudict Souuerain, de deux estrelins, huit as & vng quart, à quatre florins. iiij. fl.

Les doubles Ducatz d'Espaigne & aux armes des Archiducqz pesans quatre estrelins dixhuit as,& vn quart,à huit florins, deux pattars. viij.fl. ij.p.

Les doubles tiers defdicts doublés Ducatz dits Albertus, de trois eftrelins vnze as, & trois quarts, à cincq florins, huict pat.

Les fingles tiers d'iceulx, d'vn eftreling vingtneuf as, à deux flor. quatorze pattars. ij.fl, xiiij p.

Le Real d'or, de trois eſtrelins quinze as & vng quart, à ſix florins, deux pattars. vj. fl. ij. p.

Le demy Real d'Or de deux eſtrelins & neuf as trebuchant, à trois florins, vng pattart. iij. fl. i. p.

Le florin Carolus d'Or, d'vng eſtrelin vingtneuf as, à deux flor.

Les Eſcuz d'Or de pardeça, de deux eſtrelins, ſept as & demy, à trois florins, quatorze pattars. iij. fl. xiiij. p.

Autres Eſcuz à noz coings & armes, & des dits Archiducqz du meſme poids, à trois florins, douze pattars. iij. fl. xij. p.

Les Piſtoletz d'Eſpaigne, de deux eſtrelins, ſept as trebuchant, tant ceux, dont les figures ſont icy miſes, que tous autres à trois florins, douze pattars & demy. iij. fl. xii z. p.

Les doubles & de quatre à l'aduenant.

Les doubles & de quatre à l'aduenant.

Les Escuz de France, de deux estrelins, & sept as trebuchant à trois florins, quatorze pattars.

Tant ceulx dont les figures sont icy imprimées, que tous autres.

Les demyz à l'aduenant.

Les Escuz de France à trois florins, quatorze pattars.

Les Millerez de Portugal de cincq eſtrelins, à huit florins, quatre pattars. viij.fl.iiij.pat.

Les demys à l'aduenant.

Les deux cincquieſmes dudiċtz Millerez peſans deux eſtrelins trebuchant à trois florins, quatre pattars. iij.fl.iiij.p.

Les doubles peſans quatre eſtrelins, à ſix florins, huit pattars.

Les quadruples de poids & prix à l'aduenant.

Les Efcuz de Portugal à la courte Croix, pefans deux eftrelins neuf as trebuchant, à trois florins, quatorze pattars & demy.

Les Efcuz de Portugal à la longue Croix de mefme poids, à trois flórins, treize pattars. iij.fl.xiij.p.

Le Noble à la Rofe d'Angleterre, de cincq eftrelins à huit flor. feize pattars. viij.fl.xvj.p.

Le demy à l'aduenant.

Les vieux Angelots d'Angleterre, de trois estrelins dix as & deux tiers à cincq florins, dixsept pattars. v.fl.xvij.p.

Les demys à l'aduenant.

Le Noble Henricus, de quatre estrelins, & quatorze as trebuchant, à sept florins, seize pattars. vij.fl.xvj.p.

Le demy à l'aduenant.

Le Iacobus d'Angleterre de six estrelins & demy à dix florins. douze pattars. x.fl.xij.p.

Le demy & quart à l'aduenant.

Les Ducats d'Allemaigne & Hongrie, Boheme, Poloigne, pesans deux estrelins neuf as trebuchant, à quatre florins. iiij. fl.

Boheme, quatre florins.

Poloigne, quatre florins.

Ducats d'Allemaigne quatre florins. iiij.fl.

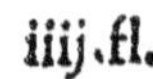

Les doubles à l'aduenant.

Les Ducatz d'Italie de deux estrelins & huit as trebuchant à trois florins, dixhuit pattars & demy. iij.fl.xviijz.p.

Ducatz d'Italie, à trois florins, dixhuit pattars & demy.

Les doubles à l'aduenant.

Les Escuz d'Italie de deux estrelins, & sept as trebuchant, à trois florins, dix pattars. Tant ceulx dont les figures sont icy imprimées, que tous aultres y forgez au mesme pied & alloy. Les doubles & quadruples du pois & pris à l'aduenant.

Les Escus d'Italie, trois florins, dix pattars. iij.fl.x p.

Luca. Milan.

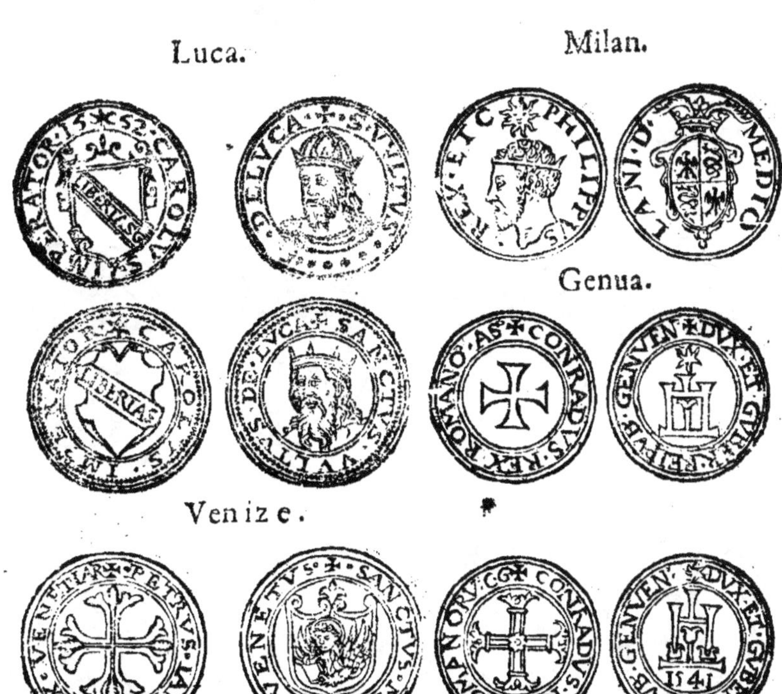

Genua.

Venize.

Les Eſcuz d'Italie, trois florins, dix pattars. iij. fl. x p.

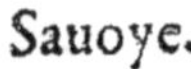

Sauoye. Lombardie.

Les doubles Piſtolets forgez en Italie peſans quatre eſtrelins, quatorze as, à ſept florins. vij. fl.

Les quadruples à l'aduenant,

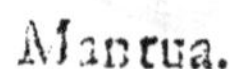

Milan. Mantua.

Les doubles Piſtolets d'Italie,

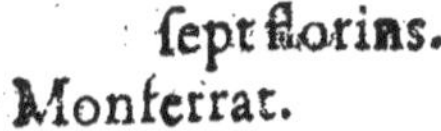

ſept florins.

Milan. Monſerrat.

Beſançon. Sauoye.

Le florin d'or d'Allemaigne, de deux eſtrelins, trois as, & demy trebuchant, à deux florins, dixſept pattars & demy.

Tirole. Brandenbourch.

Les florins d'or d'Allemaigne, deux flor. dixsept pattars & demy.

Mayence. Cologne.

Le florin d'or d'Allemaigne, deux flor. dixsept patars & demy.

Franckfort.

Luneburch.

Palatin.

Ausburg.

Tirole.

Nurenburg.

Les Eſcuz Ferdinandus forgez aux tiltre & armes du Prince Electeur de Cologne, Eueſque & Prince de Liege, &c. de deux eſtrelins, ſix as, & vng tiers trebuchant, à trois florins, neuf pattars & demy. iij.fl.ixz.p.

Le florin d'or Ferdinandus, aux meſmes tiltre & armes de deux eſtrelins, trois as & demy, à deux florins, dixſept pattars, & demy. ij.fl.xviiz.p.

Fin de la Monnoye d'Or.

D

Mõnnoye d'Argent.

LE nouueau Ducaton d'Argent, à noz coings & armes, & desdits Archiducqz, pesant vingtvn estrelins, sept as trebuchant, au remede de huit as, à trois florins, iij. fl.

Le demy Ducaton à l'aduenant, à  i.fl.x p.

Le demy Ducaton à l'aduenant, à i. fl. x. p.

Le Souuerain d'Argent, pareillement à noz coings & armes, & desdits Archiducqz, pesant dixhuit estrelins & douze as, au remede de six as, à deux florins, huit patrars. ij fl. viij p.

Le demy à l'aduenant, à i. fl. iiij. p.

Le quart à l'aduenant, à xij. p.

Les pieces de ſix pattars, trois pattars, ſinglos pattars, demy pattars, & liarts d'Argent, forgez pareillement à noz coings & armes, & deſdits Archiducqz, à leur pris ordinaire.

Pieces de ſix pattars.

Pieces de trois pattars.

Pieces d'vng pattart.

Pieces d'vng demy pattart.

Pieces d'vng liart.

Les pieces de trois Reaulx aux coings & armes desdicts Archiducqz, de six estrelins, au remede de trois as, à quinze pat.

Les singles Reaulx au mesme pied & poids à l'aduenant, à cinc pattars. v. pat.

Les demyz & quarts desdits Reaulx du mesme coing à l'aduenant.

Les Ducatons de Milan peſans vingtvn eſtrelins à quinze pattars. deux flor. ij.fl.xv.p.

Les doubles Florins aux coings & armes deſdits Archiducqz, de dixſept eſtrelins, vingtneuf as & demy, au remede de ſix as, à deux florins, vng pattart. ij.fl. 1.p.

Les ſingles Florins, au meſme pied & poidz à l'aduenant.

Le Philippus Daler de vingtdeux estrelins & treize às, au remede de huit as, à deux florins, douze pattars.

Le demy pesant vnze estrelins, six as & demy, au remede de quatre as, à vingtsix pattars.

Le cincquiesme dudict Philippus Daler, & les dixiesmes, vingtiesmes, & quarantiesmes d'icelluy, demeureront à leur pris ordinaire.

Le cincquiesme part dix pattars.

Le dixiesme part cincq pattars.

Le vingtiesme part du Philippus siz.pat.

Le quarantiesme part vn pattart, vn liart.

Comme aussi demeureront les demy Florins, quartz, huitiesmes & seiziesmes aux coings & armes desdits Archiducqz.

Le demy Florin dix pattars. Le quart dudict florin cincq pat.

Aultre demy florin dix pattars.

Aultre quart de cincq pattars.

Huictiesmes dudict floring deux pattars & demy.

Le seiziesme dudict florin vn pattart, vn liart.

Le Florin Carolus de quatorze estrelins treize as trebuchant, au remede de six as, à trentequatre patars & demy.

Le Daler de Bourgoigne de l'An mille, cincqcens, soixante sept, & mille, cincqcens, soixante huit, n'estant contrefraict: pesant dixneuf estrelins & vng as, au remede de six as, à deux flor. sept pattars.

Le demy à l'aduenant.

Le quart à l'aduenant.

Les vielles pieces de trois pattars forgez pardeça doiz l'an mille, cincqcens, vingt, de deux estrelins, à cincq pattars.

Les vielles pieces de trois gros, forges pardeça doiz ledit temps, à deux pattars & demy.

Les pieces de quatre, deux, & vng pattart forgez pardeça aulx tiltre & armes du Roy Philippe deuxiesme, demeuront à leur pris ordinaire. Pieces de quatre pattars.

Pieces de deux pattars.

Pieces de vng pattart.

Les Reaulx d'Espaigne de huit, pesans dixsept estrelins & vingtcincq as, au remede de six as, à deux florins, six pattars.

Les Reaulx d'Eſpaigne deux florins,ſix pattars.

Ceulx de quatre & de deux Reaulx à l'àduenant.

Bien entendu queceulx forgez en Mexico auec la croix flórée de ſemblable poids & remede , ſe mettront ſeulement à deux florins,cincq ſols.

Ceulx de quatre & de deux,au meſme pied à l'aduenant.

Et quand aux ſingles & demy Reaulx d'Eſpaigne pour eſtre la pluſpart fort vſez, demeureront pareillement à leur pris ordinaire, s'ilz ne ſont de moindre poids, que de deux eſtrelins la piece deſdicts Reaulx. Et les demyz à l'aduenant. Et n'eſtans dudict poids ſont declairez pour billon,

Le Daler Ferdinandus aux tiltres & armes du Prince Electeur de Cologne, Eueſque & Prince de Liege, &c. auec ſon effigie d'vn coſté, & les armes de Bouillon de l'autre coſté. Et vn aultre audit tiltre, ayant d'vn coſté vng Lion combattant, & les armes de Bauiere, & de l'autre les dittes armes de Bouillon peſans vnze eſtrelins, trois as & demy, au remede de quatre as, à vingtcincq pattars.

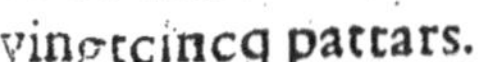

Monnoye de Cuyure.

LEs Liarts aux coings & armes dudict Roy Philippe le deuxiesme, pour douze mites, & les Gigots pour six mites Monnoye de Flandres.

Liarts & Gigotz aux armes des Archiducqz.

Doubles Deniers de cuyure pour huit mites, & les singles pour quatre mites.

TOutes lesquelles monnoyes d'Or, & d'Argent, & de Cuyure, nous entendons debuoir auoir cours en nosdits pays au mesme prix, que contient ledict Placcart de l'An 1618. & selon qu'est specifié au dessus de chacune espece.

Defendant bien expressement le cours de toutes autres monnoyes, tant d'Or, que d'Argent, & de Cuyure, & particulierement les Ducats de Turquie, ausquels sont empreints des caracteres incognuz nommez Sequins, toutes monnoyes de Hollande, & d'autres Prouinces à nous rebelles, mesmes les Ducatz portans d'vn costé vng homme armé, tenant en la main vne trousse de flesches, & à l'autre des lettres, les Nobles & demy Nobles forgez esdites Prouinces rebelles à l'imitation de ceulx d'Angleterre, les Rydres & demy Rydres d'Or, & les pieces de deux pattars & demy de la forge lesdites Prouinces, accordans neantmoins à ceulx ayans telles pieçes de deux patars & demy le terme de six sepmaines, pour s'en faire quittes.

Deffendons aussy toutes pieces d'Or & d'Argent rechargées, soudées, rebordées, ou visiblement rongnées, ou autrement diminuées de leur iuste poids & valeur.

Le tout soubs les peines sur ce ordonnées par les Placcarts des Ans 1612 1618. & 1619. lesquels nous voulons demeurer en leur pleine forçe & vigeur, en ce quilz n'aurōt esté

esté changez par les Placarts ensuyuans : & pour autant que besoing soit, les auons renouuellé & renouuellons par ces presentes. Commandans bien & à certes, qu'ils soyent estroittement & punctuelement obseruez, sans y contreuenir en quelque maniere que ce soit.

Et pour plus grand esclarcissement, & tant meilleure obseruation d'iceulx, auons declaré & declarons, que non seulement ceulx, qui auront escillè ou reçeu, mais aussy ceulx qui auront offert ou presenté quelques especes d'Or ou Argent non permises, ou à plus haut pris que celuy cy declaré, ores que l'on auroit refusé de les accepter, soyent condemnez és amendes & autres peines pecuniaires contenues és dicts Placcarts.

Declarons en outre, pour faire cesser les difficultez, qui se sont presentées sur l'intelligence des cincq & sixiesmes Articles dudict Placcart de l'An 1618. & des trois & quatriesmes de celuy de l'An 1612 que si outre le serment de celuy, qui aura denonçé la personne, dont il auroit reçeu argent defendu, ou à plus haut pris qu'il n'est permis, & ce endedens vingtquatre heures de la reception, il se peut prouuer par trois autres tesmoings ou d'auantage, non suspects, ni reprochables parlans de diuers actes, que la mesme personne auroit encores auparauant excedé au fait des monnoyes, icelle sera punie par la confiscation de ladicte somme derniere, ainsi comptée & denonçée, & au quadruple d'icelle, & pour les contrauentions precedentes en

tes en

tes en quelque amende pecuniaire à l'arbitrage du Iuge.

Et s'il ny auoit tel denonciateur, ou si la denontiation n'estoit faitte en dedens vingtquatre heures de la reception, & neantmoins quelqu'un estoit conuaincu par le dire de trois autres tesmoings, ou d'auantage, aussi non reprochables parlans d'Actes diuers & singuliers, d'auoir excedé au fait des monnoyes, en ce cas il sera aussi condemné en quelque amẽde pecuniaire à l'arbitrage du Iuge, prenant esgard aux circonstances du fait, & desdicts tesmoignages singuliers.

Et d'autant que pour toutes les diligences, que iusques à present nous auons ordonné estre faittes, & qu'y ont apportées noz Conseilz & Officiers, l'on n'a sceu empescher que les monnoyes defendues par nosditz Placcarts ne soyent entrées en nosdicts Pays en tresgrãde quantité. Nous auons esté iustement meuz d'ordonner, comme nous ordonnõs par ces presentes, que tous ceulx, que par nostredict Placcart de l'An 1619. auons enchargé de faire serment de ne point exceder les pris des monnoyes permises, feront aussi serment es mains de ceulx declarez par ledict Placcart, qu'ilz ne presenteront ou recepurõt, & ne permettront, ou souffriront, que leurs femmes ou domesticques presentent ou reçoyuent aucunes especes d'Or ou d'Argent declarées billon, ou visiblement & notablement rongnées & diminuées de leur iuste pris ou valeur.

Ordon-

Ordonnans en outre, que si ceulx ayans fait ledict serment sont par apres conuaincuz d'auoir presenté ou reçeu monnoyes d'Or ou d'Argent defendues, ilz ne soyent point seulement puniz des peines statuées par lesdicts Placcarts derniers, mais aussi declarez inhabils de plus estre du Magistrat ou loy de villes, bourgs, ou bourgades.

Voulans aussi que tout ce qu'audict Placart de l'An 1619 a esté dit de plus du serment ordonné par icelluy, soit semblablement fait & accompli au regard du serment, que par nostre present Placcart commandons estre fait & presté, comme s'il fut icy repeté de mot à autre.

Si donnons en mandement à noz Trechiers & Feaulx les Chief, Presidens, & Gens de noz Priué & Grand Conseilz, Chancellier & Gens de nostre Conseil de Brabant, Gouuerneur de Lembourg, Faulquemont, Daelem & aultres noz pays d'Oultremeuze, Gouuerneur, President & Gens de nostre Conseil de Luxembourg, Gouuerneur, & Chancellier, & Gens de nostre Conseil de Gueldres, President & Gens de nostre Conseil de Flandres, Gouuerneur, President & Gens de nostre Conseil d'Arthois, Grand Bailly de Haynnau, & Gens de nostre Conseil ordinaire à Mons, Gouuerneur, President & gens de nostre Conseil de Namur, Gouuerneur de Lille, Douay & Orchies, Bailly de Tournay & de Tournesiz, Preuost le Comte à Valençiennes, Escoutetre de Malines, & à tous aultres noz Iusticiers, Officiers, & ceulx de noz Vassaux, qui ce regardera,

regardera, leurs Lieutenans & chacun d'eux endroict soy, & si comme à luy appartiendra, que ceste nostre presente Ordonnance, ilz publient incontinent, & facent publier par toutes lieux & limites de leurs Iurisdictions respectiuemēt, où l'on est accoustumé faire criz & publications. Et au surplus le gardent, obseruent, & entretiennent, facent garder, obseruer, & entretenir en tous ces poinctz & articles selon sa forme & teneur, cessans tous contredictz & empeschemens au contraire: Car ainsi nous plaist il. En tesmoing de ce nous auons faict mectre nostre Seel à ces presentes. Donné en nostre Ville de Bruxelles le dernier d'Octobre, l'An de Grace mille sixcens vingtdeux, Et de noz Regnes le deuxiesme, Paraphé Ma. Vt.

Par le Roy
en son Conseil.

Signé

Verreyken.

Et est la dicte Ordonnance seellée du contreseel de sa Maiesté en forme de Placcart.

Semblables Placcarts ont esté despechez en langue Françoise pour Luxembourg, Haynnau, Namur Lille, Douay & Orchies Tournay & Tournaesiz, Valenciennes, & Cambray, & en langue Tyoise, pour Brabant, Lemburg, Geldres, Flandres, & Malinez.

Sommaire du Priuilege.

ALBERT & ISABELLA Clara Eugenia Infant d'Espaigne par la grace de Dieu Archiducqz d'Austrice, Ducqz de Bourgoingne, &c. A tous ceux qui ces presentes verront, salut. Receu auons l'humble supplication de nostre Cher & bien aimé Ierosme Verdussen, contenante, qu'il nous auroit pleu le dernier de Iuing de l'an mil six cent & sept, luy accorder noz lettres patentes de Priuilege, soubsignees par le *Comte*, & au Conseil de Brabant par *Buschere*, à la seclusion de tous aultres. A fin de pouuoir Imprimer toutes les affaires concernans noz monnoyes, auec deffense & Inhibition, à tous aultres Imprimeurs de ne les pouuoir contrefaire: & que non obstant icelles, aucuns Imprimeurs se sont aduancez de contrefaire lesdictes Eualuations & liures, dont se trouuant le suppliant souuent contrainct de pour ce soustenir diuers proces, (cause pour estre conuenablement remedié) s'est aduisé de prendre son recours vers nous. SCAVOIR FAISONS doncques que nous les choses susdictes considerees, inclinans fauorablement à la requeste & supplication dudict Ierosme Verdussen suppliant, luy auons octroyé & consenti, octroyons & consentons, en luy donnant congé & licence de grace especiale par ces presentes, qu'il puist & pourra seul, & à l'exclusion de tous aultres Imprimeurs, vendre & distribuer par tous noz pays de pardeça toutes noz causes & affaires concernans noz monnoyes, si comme eualuations, permissions, Placcartz, tollerations, liures ou liuretz, & chartes de noz deniers d'or & d'argent, aussi bien eualuez que non eualuez, auec leur poids, pris & valeur. Si auons Interdict & defendu, interdisons & defendons bien expressement, & a certes, a tous aultres Imprimeurs, tailleurs graueurs, & libraires de quelque qualite ou condition qu'ilz soyent ou pourroyẽt estre, iceux liures ou liuretz, permissions, Placcarts, & tollerations, ensemble, tout ce que peult aussi toucher le faict desdictes monnoyes en tout ou en partie, d'ensuyure, contrefaire, ou imprimer, ou en quelque lieu estans ensuiuiz, contrefaictz ou imprimez, de vendre, faire, ou laisser vendre iceux en noz pays de pardeça, ny lesdictes Eualuations & specifications de nosdictes monnoyes, ayans presentement cours, ou qu'ilz pourront auoir, soit à plus hault, ou plus bas pris d'Imprimer ou inserer aux Almanacqz, ny aussi les Almanacqz estans ailleurs Imprimez contenans ladicte specification ou cours de l'argent, de faire, ou laisser vendre iceux en nosditz pays de pardeça sans le consentement dudict suppliant, soit en vertu de quelque priuilege, ou consentement particulier qu'ilz ont, ou pourroient auoir des Gouuerneurs, noz Consaulx prouinciaulx, Magistratz ou d'aultres quelz qu'ilz soyent, à paine de confiscation & perte desdictz exemplaires, & pardessus ce, de trois florins Carolus d'amende pour chacun exemplaire qu'ainsi sera esté imprimé ou vendu; Applicable vn tiers à nostre prouffict, vn tiers à l'Officier, & l'autre tiers au prouffit dudict suppliant. Si donnons en mandement à noz Treschiers & feaulx les Chief President & Gens de noz Priué & grand Consaulx. Presidens & Gens de noz Consaulx Prouinciaux à Luxemborch, Flandres, Arthois & Namur, Grand Bailly de Haynnau, & gens de nostre Conseil à Mons, Gouuerneur de Lille, Douay & Orchies, Bailly de Tournay & Tournesis, Preuost le Comte à Valenciennes Escoute de Malines & tous aultres noz Iusticiers. Officiers & subiectz qu'il apartiendra. Que de ceste nostre presente grace permission & accord, & de tout le contenu en cestes, ilz facent, souffrent, & laissent ledict suppliant plainement iouïr, & vser, sans luy faire, mectre ou donner, n'y souffrir estre faict, mis ou donne aucun obstacle, destourbier, ou empeschement au contraire. Car ainsi nous plaist il. En tesmoing de ce, nous auons faict mectre nostre seel à ces presentes: donné en nostre ville de Bruxelles le deuxiesme d'Octobre l'An de grace, M. DC. X.

Par les Archiducqz en leur Conseil.

Enghien.

www.ingramcontent.com/pod-product-compliance
Lightning Source LLC
LaVergne TN
LVHW012009160826
845678LV00002B/732

* 9 7 8 2 3 2 9 6 7 0 2 5 6 *